Día de los Muertos

Lori Dittmer

semillas del saber

CREATIVE EDUCATION • CREATIVE PAPERBACKS

Publicado por Creative Education y Creative Paperbacks
P.O. Box 227, Mankato, Minnesota 56002
Creative Education y Creative Paperbacks son marcas editoriales de The Creative Company
www.thecreativecompany.us

Diseño de Ellen Huber
Producción de Colin O'Dea
Dirección de arte de Rita Marshall
Impreso en los Estados Unidos
Traducción de TRAVOD, www.travod.com

Fotografías de Alamy (Lucy Brown [loca4motion], LHB Photo, robertharding), Getty Images (John Block), iStockphoto (agcuesta, Amy_Lv, arturogi, BeteMarques, cheekylorns, ellenkirkpatrick, etorres69, Gogadicta, Oscar Rene Gonzalez de la Torre, happy_lark, R.M. Nunes, Onfokus, SEASTOCK, THEPALMER, trenchcoates)

Información del Catálogo de publicaciones de la Biblioteca del Congreso is available under PCN 2019957364.
ISBN 978-1-64026-440-3 (library binding)
ISBN 978-1-62832-975-9 (pbk)

TABLA DE CONTENIDO

¡Hola, Día de los Muertos! 4

¿Cuándo es el Día de los Muertos? 6

Símbolos de la festividad 8

Un antiguo festival 10

Una festividad en crecimiento 12

Comidas de la festividad 14

¿Cómo celebra la gente? 16

¡Adiós, Día de los Muertos! 18

Dibuja el Día de los Muertos 20

Palabras que debes saber 22

Índice 24

¡Hola, Día de los Muertos!

Esta festividad mexicana se celebra el 1 y 2 de noviembre.

Es un tiempo para que las familias recuerdan a los seres queridos que han muerto.

Las caléndulas cubren un altar.

Los cráneos y los esqueletos muestran que la muerte es parte de la vida.

Hace mucho tiempo,
la gente creía que los
muertos se despertaban
por un corto tiempo.
Dejaban comida servida
en las mesas para que los
muertos comieran.

La gente de muchos lugares celebra el Día de los Muertos.

Es un tiempo para que las familias se reúnen.

La gente come un pan dulce especial. Se lo llama pan de muerto.

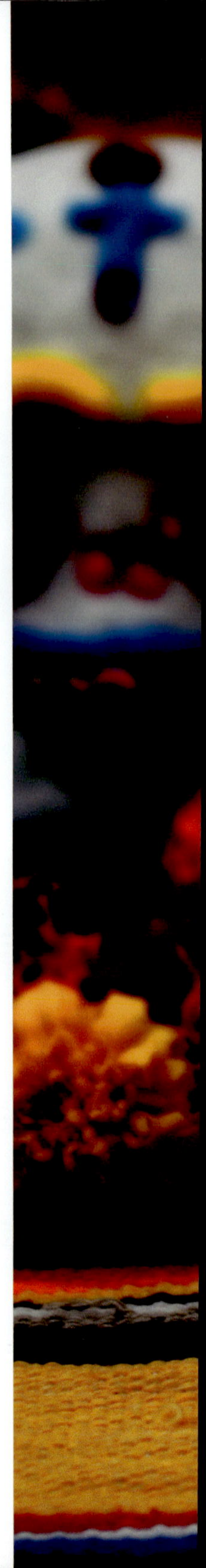

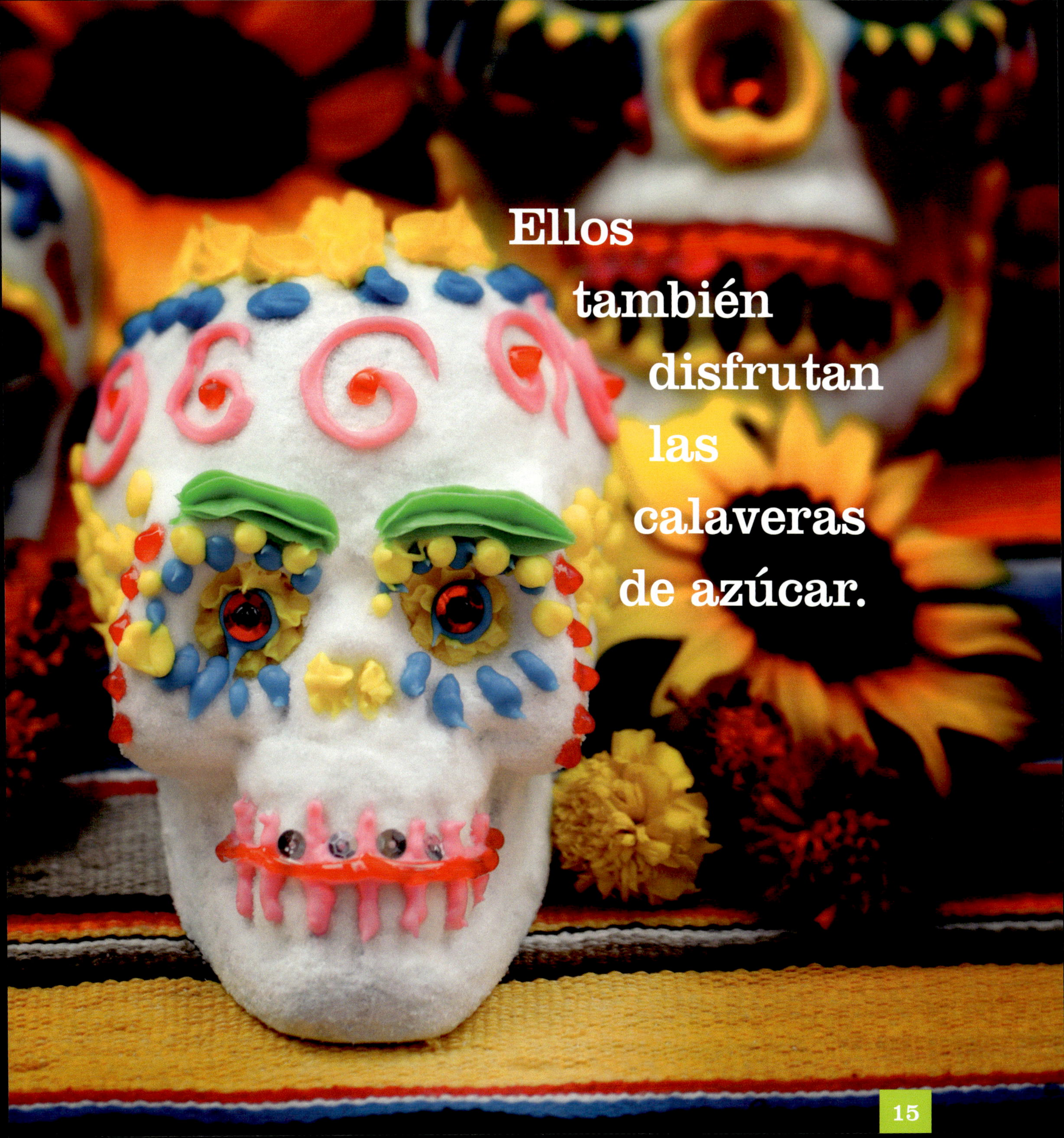

Ellos también disfrutan las calaveras de azúcar.

Los niños y
los adultos
se disfrazan.
Realizan desfiles.

Celebran la vida.

¡Adiós, Día de los Muertos!

Dibuja el Día de los Muertos

pan de muerto

calavera de azúcar

esqueletos

caléndulas

Palabras que debes saber

altar: un tipo de mesa utilizada en ceremonias religiosas

caléndulas: plantas con flores amarillas o anaranjadas utilizadas para honrar a los muertos en México

Índice

altares 8
comidas 10, 14, 15
época 6
familias 7, 13
historia 10
México 6
símbolos 8, 9
tradiciones 13, 16